BEI GRIN MACHT SICH IHR
WISSEN BEZAHLT

- Wir veröffentlichen Ihre Hausarbeit,
  Bachelor- und Masterarbeit

- Ihr eigenes eBook und Buch -
  weltweit in allen wichtigen Shops

- Verdienen Sie an jedem Verkauf

Jetzt bei www.GRIN.com hochladen
und kostenlos publizieren

Welche didaktischen Ziele können durch den Einsatz von Podiumsdiskussionen in der Eurobildung erreicht werden?

Anonym

Bibliografische Information der Deutschen Nationalbibliothek:

Die Deutsche Nationalbibliothek verzeichnet diese Publikation in der Deutschen Nationalbibliografie; detaillierte bibliografische Daten sind im Internet über http://dnb.d-nb.de abrufbar.

ISBN: 9783389109052
Dieses Buch ist auch als E-Book erhältlich.

© GRIN Publishing GmbH
Trappentreustraße 1
80339 München

Druck und Bindung: Books on Demand GmbH, Norderstedt Germany
Gedruckt auf säurefreiem Papier aus verantwortungsvollen Quellen

Das vorliegende Werk wurde sorgfältig erarbeitet. Dennoch übernehmen Autoren und Verlag für die Richtigkeit von Angaben, Hinweisen, Links und Ratschlägen sowie eventuelle Druckfehler keine Haftung.

Das Buch bei GRIN: https://www.grin.com/document/1555062

Universität Hamburg
Fakultät für Erziehungswissenschaften
Fachbereich Erziehungswissenschaften
Seminartitel: Fachdidaktik Sozialwissenschaften: Europa-Didaktik
Semester: Wintersemester 2022/2023

Modul: Weiterführung Fachdidaktik

Abgabe: **30.04.2023**

Welche didaktischen Ziele können durch den Einsatz von Podiumsdiskussionen in der Eurobildung erreicht werden?

Inhaltsverzeichnis

1. Einleitung

„Die Einheit Europas war ein Traum von wenigen. Sie wurde die Hoffnung für viele. Sie ist heute die Notwendigkeit für alle" (Konrad Adenauer im Deutschen Bundestag, 1954).

Dieses Zitat von Konrad Adenauer verdeutlicht, den hohen Stellenwert Europas in der Gesellschaft. Denn die Europäische Union (EU) fördert den Frieden, die Werte und das Wohlergehen der europäischen Bürger/innen. Die verschiedenen europäischen Länder machen die Vielfalt innerhalb der EU deutlich. Trotz dieser Vielfalt umfasst die europäische Union gemeinsame Werte und Ziele. Für das Verständnis der Demokratie und der Gestaltung der Politik in Deutschland, ist die Einbeziehung der europäischen Dimension in der Schule notwendig (vgl. Kultusministerkonferenz, 2020: 2). Die EU wird als zentraler Aspekt der Europabildung verstanden, da ihre Entscheidungsbeschlüsse das Leben der hier ansässigen Menschen enorm beeinflusst. Mit der Europabildung sollen junge Menschen in der Schule erreicht werde und europäische Grundgedanken vermittelt und gelebt werden. Kenntnisse, Fähigkeiten und Fertigkeiten für das Bewusstsein einer europäischen Identität sollen erlangt werden und die Teilhabe an Entscheidungsprozessen auf europäischer Ebene (vgl. ebd., 4f.). Aber durch welche Methoden können diese Kompetenzen in der Schule erreicht werden? Die Methode der Podiumsdiskussion weist eine besondere Relevanz in diesem Zusammenhang auf. Im Rahmen dieser Facharbeit wird die Podiumsdiskussion detailliert betrachtet. Hiermit wird das Ziel verfolgt, einen theoretischen Beitrag zu leisten und durch literarische Quellen herauszufinden, welche Kompetenzen für die Europabildung, durch die vorgestellte Methode erlangt werden.

Die Forschungsarbeit ist in vier Kapiteln gegliedert, wobei im ersten Abschnitt die Begrifflichkeit der Europabildung in der Schule geklärt wird, sowie dessen Umsetzung in der Schule und die Ziele und allgemeinen Grundsätze. Im zweiten Abschnitt der Arbeit wird die Methode der Podiumsdiskussion vorgestellt. Dabei werden die Chancen der Methode in Bezug auf die Europabildung dargestellt und die Herausforderungen und Probleme geschildert. Zum Schluss werden im Fazit alle Kenntnisse zusammengetragen. Schließlich ist das Thema der Facharbeit bedeutend, um herauszufinden, ob die Podiumsdiskussion eine geeignete Unterrichtsmethode darstellt, die das Interesse und die Kompetenzen der Lernenden gegenüber europäischen Themen fördert. Mit dieser Arbeit werden wichtige Erkenntnisse erlangt, die für Lehrkräfte als auch für Lernende interessant und wissenswert sein können.

2. Europabildung in der Schule

Die Europabildung gehört zu der Lebenswelt von heute aufwachsenden Kindern. Junge Menschen beschäftigen sich bereits am Anfang ihrer Schullaufbahn mit politischen Fragestellungen zu den Themen Krieg, Frieden, Flucht und Ausgrenzung (vgl. Bade, 2018: 171). Ein zentraler Ort, um europäische Fragen und Gedanken aufzuklären ist die Schule. Jedoch ist in den EU-Ländern die Berücksichtigung der europäischen Dimension im Unterricht in unterschiedlichster Weise ausgeprägt. Seit den 1970er Jahren, wird die Wichtigkeit der europäischen Dimension und dessen Vermittlung in Schulen, durch Institutionen der EU deutlich. Leitlinien der europäischen Bildung im Unterricht wurden erstmals für Deutschland mit der Kultusministerkonferenz im Jahr 1978 dargestellt. Die aktuelle Version aus dem Jahr 2020 mit dem Titel „Europabildung in der Schule", beschreibt den Erwerb von europaorientierten Kompetenzen, den Beiträgen der Fächer und Lernbereiche in den unterschiedlichen Schulstufen und Aktivitäten im außerschulischen Bereich (vgl. Rappenglück, 2022: 403). Die Schule hat eine spezielle Verantwortung bei dieser Aufgabe, denn als gesellschaftliche Institution erreicht sie junge Menschen. In der Schule soll der europäische Grundgedanke vermittelt und gelebt werden. Lernende sollen Kenntnisse, Fertigkeiten und Fähigkeiten erlangen, für die politische Mitgestaltung der Zukunft und der Teilhabe Europas (vgl. Kultusministerkonferenz, 2020: 4).

Der Lerngegenstand „Europa" sollte keineswegs als eine einmal abzuhandelnde Unterrichtseinheit angesehen werden (vgl. Kultusminister Konferenz, 2020: 4). Besonders die sozialwissenschaftlichen Fächer, sollen das europäische Bewusstsein und die europaorientierten Kompetenzen verstärken. Dies wird im Lehrplan an verschiedensten Stellen deutlich. Faktoren, wie das verwendete Material, die angewandte Methode und das eigene Interesse und Fachwissen der Lehrkraft, beeinflussen die Unterrichtsumsetzung enorm. In der Schule kann die europäische Dimension fächerübergreifend als auch fachspezifisch im Politikunterricht thematisiert werden. Dabei könnten Schulprojekte, wie die Planung eines Europatages, erworbene und neue Kompetenzen fördern (vgl. Rappenglück, 2022: 404).

2.1. Ziele und allgemeine Grundsätze der europapolitischen Bildung

Die europapolitische Bildung ist eine Voraussetzung für die Aufrechterhaltung der Demokratie in Deutschland und eine politische Notwendigkeit. Die Europäische Union bestimmt in vieler Hinsicht das Leben der europäischen Bürger/innen. In der deutschen Gesetzgebung ist daher eine gewisse Zahl von Richtlinien der Europäischen Union zurückzuführen. Vom Trinkwasser hin, zu den Arbeitsbedingungen bis zur Abfallentsorgung, die Europäische Union spielt eine bedeutende Rolle in den europäischen Ländern. Demnach verfolgt die europapolitische Bildung das Ziel, für ein Verständnis der Lernenden in Europa und für Europa zu sorgen. Die Schüler/innen müssen sich das Wissen erwerben, um die europäischen Entwicklungsprozesse zu verstehen. Die Europäische Union soll nicht nur hingenommen, sondern aktiv gestaltet werden. Hierzu soll eine individuelle Meinung gebildet werden, um die Partizipation zu fördern (vgl. Stratenschulte, 2015: 214). In der Schule muss sich die Europabildung an den Bedürfnissen und am Leben der europäischen Schüler/innen orientieren. Der Unterricht sollte sich motivierend auf die Lernenden auswirken, sich aktiv an den gesellschaftlichen, kulturellen und politischen Ebenen in Europa zu beteiligen. Neben dem Erwerb von europabezogenen Kenntnissen, hat die Europabildung die Aufgabe, die Mehrsprachenkompetenz, die interkulturelle Kompetenz und die Partizipations- und Gestaltungskenntnisse, bei Schüler/innen zu fördern. Die Bürger/innen sollen in der Schule darauf vorbereitet werden, ihre eigenen Rechte in der Europäischen Union aktiv gestalten zu können (vgl. Kultusminister Konferenz, 2020: 5). Ziel ist es, dass die Schüler/innen sich eigenständig und reflektierend mit der Rolle der Bundesrepublik *„in Europa, dem Europarat und der Europäischen Union, zur Teilhabe an politischen Entscheidungsprozessen auf europäischer Ebene sowie zum Umgang mit globalen Herausforderungen"* (Kultusminister Konferenz, 2020: 5f.) auseinandersetzen.

Es soll die Erkenntnis und das Bewusstsein einer europäischen Zusammengehörigkeit, durch die europapolitische Bildung erlangt werden. Dies ist die Aufgabe der gesamten Schulgemeinschaft, die in allen Schulformen stattfindet und inklusiv und integrativ zu gestalten ist. Des Weiteren hat die Schule die Aufgabe, die große Diversität von Sprachen und Kulturen den Lernenden vorzustellen, um der Vorurteilsbildung entgegenzuwirken. Dies soll dazu beitragen, dass Lernende gegenüber anderen Lebensarten und Kulturen respektvoll und tolerant umgehen (vgl. Kultusminister Konferenz, 2020: 6).

2.2. Umsetzung in der Schule

Der Themenkomplex Europa umfasst ein weites Spektrum. Demnach muss vor der Konzeption des Unterrichts entschieden werden, was herausgegriffen und im Detail angesprochen wird. Dabei ist zu beachten, dass die wichtigsten Aspekte identifiziert, Schwerpunkte gesetzt und bisher behandelte Themen im Unterricht miteinbezogen werden. Im Politikunterricht können zum Thema Europäische Union verschiedenste Themenbereiche aufgegriffen werden. Der Fokus könnte in der geschichtlichen Entstehung der Europäischen Gemeinschaft, der Europäischen Union, als auch der europäischen Wirtschaftsgemeinschaft liegen. Allerdings kann auch die politische Auseinandersetzung dominieren und beispielsweise die Gesetzgebung in der Europäischen Union oder die unterschiedlichen EU-Institutionen und deren Funktionsweise im Unterricht betrachtet werden. Die wirtschaftliche Betrachtungsweise könnte Fragen über die Rolle der Europäische Union in der Globalisierung klären (vgl. Landwehr, 2017: 173f.). Diese und viele andere Themenschwerpunkte werden im Unterricht mit verschiedensten Unterrichtsmedien unterstützt.

Ein zentrales Unterrichtsmedium stellen Schulbücher dar. Es gibt eine Vielzahl von Schulbüchern, die politische als auch europäische Themen beinhalten. Kritiker geben aber zu bedenken, dass häufig die Europäische Union als isoliertes Thema beschrieben wird. Außerdem wird in der Schulbuchanalyse deutlich, dass die Auseinandersetzung Europas häufig aus nationaler Perspektive beleuchtet wird. Bezüglich der Aktualität von Schulbüchern, stellt der ständige Wandel der EU-Herausforderungen an die Verlage. Für die Thematisierung von Europa im Unterricht, gibt es neben den Schulbüchern, eine große Brandbreite von Unterrichtsmaterialien für die jeweiligen Klassenstufen. Häufig besteht das Problem nicht dabei Materialien aufzufinden, sondern das Material sinnvoll in einen abwechslungsreichen und handlungsorientierten Unterricht einzubetten. Der Einsatz von Unterrichtsmaterialien und Schulbüchern im Unterricht ist oft unbeliebt bei Schüler/innen und wird langweilig empfunden, weshalb das Wissen über die EU bei Lernenden meist gering ist (vgl. Schöne & Immerfall, 2015: 70f.). Um die Unterrichtsqualität der Europabildung zu steigern und einen positiven Effekt auf die Lernleistung zu erzielen, können verschiedenste Methoden oder Strategien verwendet werden. Um den Rahmen dieser Arbeit nicht zu sprengen, wird im Folgenden die Podiumsdiskussion, eine Unterrichtsmethode, vorgestellt und untersucht, welche Kompetenzen für die europapolitische Bildung erlangt werden können.

3. Podiumsdiskussion - Definition und Ablauf

Im Politikunterricht wird die Podiumsdiskussion als Methode eingesetzt, um die Lebenswirklichkeit von politischen Situationen mit spielerischem Agieren zu verbinden. Die Schüler/innen und gegebenenfalls Lehrkräfte, inszenieren die „Rolle" eines Experten oder Protagonisten mit unterschiedlichen Sichtweisen und müssen diese Haltung vertreten. Mit diesem Rollenspiel wird ein Stückchen Wirklichkeit konstruiert und didaktisch reduziert (vgl. Reinhardt, 2005: 190). Im Allgemeinen wird bei einer Podiumsdiskussion ein kontroverses Thema und aktuelle Streitfragen debattiert. Dabei werden unterschiedliche und gegenteilige Standpunkte dargestellt. In der Schule wird mithilfe dieser Methode ermöglicht, dass Lernende unterschiedliche Ansichten kennenlernen, ihre Meinung begründen und Lösungsvorschläge kreieren können. Die Auseinandersetzung von kritischen Themen ist ein entscheidendes Element und die Grundlage der Demokratie in Deutschland. Besonders Schulen tragen einen großen Beitrag bei für den Erwerb solcher Kenntnisse (vgl. Hufer, 2020: 132). Das diskutierte Thema sollte einen Realitätsbezug aufweisen, um das Interesse der Schüler/innen zu wecken und ihnen reale Handlungschancen aufzuzeigen. Wichtig ist aber, dass das Kontroversitätsgebot des Beutelsbacher Konsens beachtet wird. Die Methode wird auch verwendet, um einen außengesteuerten „Pep" zu erzeugen, weil sie meistens Emotionen freisetzt und das Interesse weckt (vgl. Reinhardt, 2005: 209).

Zu Beginn einer Podiumsdiskussion sollte der Raum geprüft werden. Vorteilhaft wäre es, wenn die Debatte auf einer Bühne oder auf einer erhöhten Sitzfläche stattfindet. Findet die Diskussion, beispielsweise in der Aula einer Schule statt, so sollte die Akustik auch überprüft werden und gegebenenfalls Mikrofone besorgt werden. Als Hilfsmittel kann eine Stoppuhr verwendet werden, so dass keiner mit seinen Beiträgen zu kurz kommt in der Diskussion (vgl. Hufer, 2020: 194). Zunächst werden die Rollen durch die Lehrkraft verteilt: die Moderation, die diskutierenden Personen und das Publikum. Die Rolle der Moderation übernimmt meistens die Lehrkraft selbst oder in der Sekundarstufe II auch Schüler/innen. In der Vorbereitungsphase werden Materialien für die Argumentation zur Hilfe verteilt, wodurch sich die Lernenden auf das Thema der Debatte vorbereiten können. Daraufhin startet die Podiumsdiskussion. Die Moderation leitet in das Thema ein, in dem kontroverse Positionen und das Problem vorgestellt werden. Außerdem werden die verschiedenen Rollen vorgestellt und die Diskussionsregeln erläutert. Die Gesprächsleitung sollte die Diskussion durch provokante Fragestellungen anregen und darauf achten, dass alle Teilnehmer/innen die gleichen Redeanteile bekommen. Es stellt sich jede diskutierende Gruppe auf dem Podium kurz vor, damit die verschiedenen Statements deutlich gemacht werden. Es folgt ein Wechselspiel von Argumenten verschiedenster Sichtweisen, die von der Moderation geleitet wird. Auch das Publikum wird in die Diskussion integriert und kann Fragen, Hinweise und Widersprüche in den Aussagen der Diskutanten/innen aufzeigen. Außerdem sollte das Publikum die Debatte genau beobachten. Zum Schluss wird von der Moderation ein abschließendes Fazit der Debatte vorgestellt, in der die Ergebnisse der Podiumsdiskussion zusammengefasst werden. Am Ende einer Podiumsdiskussion sollten Lehrkräfte und Lernende, die Debatte reflektieren. Die Beobachtungen und die Notizen des Publikums über das Diskussionsgeschehen sollten angesprochen werden. Zuletzt sollten die Schüler/innen ein individuelles und begründetes Urteil über das Geschehen und die Rollenübernahme abgeben (vgl. Hufer, 2020: 133; Bundeszentrale für politische Bildung). Im Folgenden wird die Methode genauer betrachtet, bezüglich der europapolitischen Kompetenzen, die erreicht werden können. Außerdem werden die Herausforderungen und Problemen der Methode beleuchtet.

3.1. Lernziele der Methode für die europapolitische Bildung

Die Podiumsdiskussion in der Schule eignet sich als Einzelveranstaltung einer Unterrichtseinheit, als auch als Folge einer Projektarbeit. Jedoch handelt es sich bei der Podiumsdiskussion um eine bisher wenig angewandte Methode im Unterricht (vgl. Hufer; 2020: 134). Für Schüler/innen leistet diese Methode jedoch einen großen Beitrag, bezüglich des Orientierungs-, Deutungs-, Kultur- und Weltwissens. Das Wissensrepertoire über politische Ereignisse kann mit dieser Methode ausgebaut werden (vgl. Ministerium für Schule und Bildung, 2020: 7). Somit kann die Podiumsdiskussion zu einer Erweiterung des Wissens der Schüler/innen über Europa, seine Institutionen und Entscheidungsprozesse, die Auswirkungen auf das eigene Leben haben könnten, beitragen.

Dieses Wissen fördert auch die Bildung der eigenen Identität und die Fähigkeit zur selbstständigen Urteilsbildung. Damit wird die Grundlage der Wahrnehmung eigener Lebenschancen bewirkt und eine reflektierte Auseinandersetzung mit verschiedenen Lebenswirklichkeiten (vgl. ebd.). Dies leistet einen besonderen Beitrag für die Kompetenz der europapolitischen Urteilsfähigkeit. Lernende werden befähigt, widerstreitende Sichtweisen herauszuarbeiten, diese mit vergleichenden Positionen gegenüberzustellen, zu vertreten und zweckrational oder wertrational zu begründen (vgl. Frick, 2015: 21). In diesem Sinne ist es wichtig, dass nach Abschluss der Diskussion Schüler/innen ihre Meinung und Haltung reflektieren, um sich ein eigenes Urteil bilden zu können (vgl. Claußen, 1977: 110). Dies lässt darauf schließen, dass der Einsatz der Podiumsdiskussion für die Europabildung ein enormes Potenzial für die europapolitische Urteilsbildung bietet. Ein Beispiel hierfür, wäre das Thema des EU-Beitritts der Türkei. Mit dem Einsatz der Podiumsdiskussion werden Schüler/innen angeregt, unterschiedliche Positionen zu analysieren und zu bewerten. Mithilfe der Debatte wird die Kenntnis gefördert, Argumentationen kritisch zu hinterfragen (vgl. Dietz, 2005: 353). Außerdem führt die Methode zu einer Steigerung der intrinsischen Motivation, wodurch Lernende ein steigendes Interesse und Engagement, bezüglich europapolitischer Problemstellungen aufweisen (vgl. ebd., 359).

Die Schüler/innen erlagen mit dieser Methode die Fähigkeit des Perspektivenwechsels, durch das Vertreten von Positionen, die nicht zwingend mit ihren eigenen Meinungen übereinstimmen (vgl. ebd., 353). Am Bespiel des EU-Beitritts der Türkei, müssen die Schüler/innen in die Rolle von EU-Mitgliedstaaten schlüpfen und üben so die Annahme einer anderen Sichtweise. Sich in die Gedankenwelt hineinzuversetzen von Politiker/innen oder Vertreter/innen von EU-Mitgliedstaaten und diese zu übernehmen, fällt vielen Lernenden schwer. Vor allem, wenn es sich um ein kontroverses Thema handelt. Dementsprechend eignet sich die Podiumsdiskussion sehr, solche Kenntnisse zu fördern. Dies kann selbst im Publikum erreicht werden, durch die Konfrontation der verschiedenen Sichtweisen zu den Fragen des Publikums und einer guten Gesprächsleitung der Moderation. Der Perspektivenwechsel fördert nicht nur die Eigenständigkeit des europapolitischen Denkens und Handelns, sondern die Lernenden verbessern auch ihr Verständnis über die kulturellen Unterschiede und Gemeinsamkeiten innerhalb Europas (vgl. ebd., 355f.). Bei der Konfrontation der verschiedenen Sichtweisen können Schüler/innen lernen, wie man andere Lebensarten und Kulturen respektvoll wahrnimmt. Dies kann Kulturellen innerhalb von Deutschland, Europa oder Ländern weltweit betreffen.

Neben der europapolitischen Urteilskompetenz wird durch die Podiumsdiskussion die Handlungs-, Methoden- und Sachkompetenz ausgebildet (vgl. Ministerium für Schule und

Bildung, 2020: 12). Mit der kommunikativen Handlungsfähigkeit erlernen Schüler/innen sich angemessen zu artikulieren und ihre eigenen Ansichten zu formulieren, die Haltungen anderer zu verstehen und sich an der Lösung von Problemen zu beteiligen. Zudem kann die Podiumsdiskussion dazu beitragen, dass die Sachkompetenz bestärkt wird, indem die Strukturierung und Einordnung politisches Wissen gefördert wird. Insbesondere wird hiermit unterstützt, dass Lernende präzise und deutliche Aussagen machen können und der Wissenstand mit der hohen Informationsdichte bestärkt wird. Da der Lernstoff argumentativ geäußert, notiert und gehört wird, verankert sich dieser nachhaltig im Gedächtnis. Die Podiumsdiskussion schult im großen Maße die Kompetenz, der Beobachtung, der Beurteilung und der Reflexion eigener und fremder Äußerungen und ihrer Wirkung auf andere. Dies bestärkt also die Methodenkompetenz (vgl. Giesecke, 1973: 138ff.). Die vorangegangenen Faktoren belegen, dass der Einsatz der Podiumsdiskussion im Unterricht zu einer besseren Entwicklung europapolitischer Urteils-, Sach- und Handlungskompetenzen führt.

Da Schüler/innen ihre Positionen sinnvoll argumentieren und überzeugend, die Gegenargumente entkräften müssen, verstärkt dies die Argumentations- und Kritikfähigkeiten. Außerdem wird aufgezeigt, dass ein geregelter und friedlicher Umgang mit öffentlichen Diskussionen in der Gesellschaft gewünscht ist. Auf diese Weise werden Debatten in einer Demokratie und im europäischen Parlament durchgeführt (vgl. Frick, 2015: 21). Somit erhalten Schüler/innen mit der Anwendung dieser Methode einen Einblick in die Realität von politischen und europäischen Entscheidungsverfahren. Der Erwerb dieser Kompetenzen ist notwendig für die Ausbildung politischer Mündigkeit. Dies bildet die Grundlage für die verantwortungsvolle Wahrnehmung der eigenen Rolle in Europa.

Durch das spielerische Agieren in dieser Methode kann ein steigendes Interesse und die Teilhabe am sozialen, politischen und wirtschaftlichen Geschehen in Europa erweckt werden. Des Weiteren können Lernende für problematische Zustände in der Politik sensibilisiert werden und das Empathievermögen gefördert werden (vgl. Claußen, 1977: 112). Die Methode erfordert eine gemeinsame Zusammenarbeit der Lernenden, die nicht nur die Klassengemeinschaft stärken, sondern im Rahmen der EU eine Stärkung der Unionsbürgerschaft bewirken kann. Diese Kompetenzen sind essentielle Elemente für die politische Teilhabe in der Gesellschaft und der Verminderung der EU-skeptischen und antidemokratischen Strömungen (vgl. Kultusminister Konferenz, 2020: 4).

3.2. Probleme und Herausforderungen der Methode

Zwar wurde dargelegt, dass die Podiumsdiskussionen viele positiven Effekte für den Lernprozess, im Hinblick auf politische und europäische Sachverhalte, aufweist. Dennoch ist die Methode einigen Herausforderungen ausgesetzt.

Idealerweise sollten Lernende eine gewisse Vorkenntnis über das diskutierte Thema haben. Die Lehrkraft muss dementsprechend geeignetes Material für alle Rollen bereitstellen. Dieses sollte inhaltlich verständlich sein und ausreichende Argumentationen enthalten, so dass eine gelungene Debatte durchgeführt werden kann (vgl. Gänger, 2020: 128). Daher muss die Lehrperson einen großen Zeitaufwand für die Vorbereitung und der Organisation der Unterrichtseinheit betreiben.

Des Weiteren stellt die Rollenübernahme ein Problem dar. Lernende müssen sich in die Position anderer Meinungen hineinversetzen, die teilweise mit ihrer eigenen Position nicht übereinstimmen. Damit dies gelingt, muss die Lehrkraft die einzelnen Rollen im Detail vorstellen und aussagekräftige Rollenkarten für Schüler/innen bereitstellen (vgl. ebd.). Nur so kann eine gelungene Rollenübernahme gelingen.

Zudem hat besonders die Moderation eine anspruchsvolle Aufgabe. Während der Debatte hat die Gesprächsleitung eine bedeutende Funktion. Probleme könnten also entstehen, wenn die Person nicht ausreichende fachliche und inhaltliche Kompetenzen aufweist und die Diskussionsregeln vernachlässigt. Besonders in der Vorbereitungsphase müssen Schüler/ innen, die diese Rolle übernehmen unterstützt werden (vgl. ebd.). In diesem Zusammenhang muss aber auch darauf geachtet werden, dass die jeweiligen Podiumsteilnehmer/innen sich auf die Beiträge ihrer Vorredner/innen beziehen und kein Monolog im Gesprächsverlauf entsteht.

Eine weitere Herausforderung stellen die unterschiedlichen Lernniveaus der Schüler/innen dar. So fällt es leistungsschwächeren Schüler/innen meist schwerer eine Diskussion mit korrekter Artikulation durchzuführen, wodurch ein stockender Gesprächsverlauf entstehen kann (vgl. ebd.). Die Moderation könnte mit Denkanstößen und Fragen unterstützen, wodurch erneut ihre anspruchsvolle Aufgabe verdeutlicht wird.

Die Lehrkraft kann viele Herausforderungen im Verlauf der Podiumsdiskussion stark beeinflussen, wodurch viele Probleme verringert werden können. Dies verdeutlicht jedoch, eine aufwendige Vorbereitung und Nachbereitung der Methode für die Lehrperson.

4. Fazit

Die Methode der Podiumsdiskussion nimmt eine relevante Stellung im Politikunterricht ein. Denn diese unterstützt die politischen Bildungsziele, wie die Ausbildung politischer Mündigkeit und der Partizipation. Diese Fähigkeiten sind wichtige Grundlagen für die Teilhabe in der Demokratie (vgl. Frick, 2015: 21).

Diese Ziele strebt auch die Europabildung in der Schule an. Lernende sollen die Erkenntnis und das Bewusstsein einer europäischen Zusammengehörigkeit erlagen. Kompetenzen, wie die europapolitische Urteilsbildung sollen besonders gefördert werden. Damit Schüler/innen eigene Meinungen bilden können und das Interesse an der aktiven Gestaltung in europäischen Entscheidungsprozessen gesteigert wird (vgl. Kultusminister Konferenz, 2020: 6). Für den Erwerb der europapolitischen Urteilsbildung, eignet sich der Einsatz der Podiumsdiskussion im Unterricht (vgl. Frick, 2015: 21). Lernende schlüpfen in eine Rolle und sind befähigt widerstreitende Positionen herauszuarbeiten und zu vertreten. Ebenfalls wird die Kompetenz des Perspektivenwechseln gefördert, durch das Vertreten von Sichtweisen, die nicht zwingend mit der eigenen Meinung übereinstimmen (vgl. Dietz, 2005: 353). Mit einer gelungenen Durchführung dieser Methode kann eine Vielzahl von Kompetenzen gefördert werden, wie die Handlungs-, Methoden- und Sachkompetenz und die Argumentations- und Kritikfähigkeiten (vgl. vgl. Ministerium für Schule und Bildung, 2020: 12; Frick, 2015: 21). Außerdem kann ein steigendes Interesse über europäische Entscheidungsverfahren geweckt werden. Dies unterstützt Fähigkeiten, wie die Stärkung der Unionsbürgerschaft, ein steigendes Empathievermögen bezüglich politischer Zustände und eine Verminderung der EU-skeptischen und antidemokratischen Strömungen (vgl. Claußen, 1977: 112). Allerdings ist die Methode auch einigen Herausforderungen ausgesetzt. Für die Planung und der Durchführung ist eine intensive Auseinandersetzung der Methode notwendig, um einen problemlosen Ablauf zu gewährleisten. Die Lehrperson nimmt also eine wichtige Stellung ein und kann auftretende Probleme positiv beeinflussen. Dies gelingt beispielsweise damit, dass die Lehrkraft ausreichendes und verständnisvolles Material zur Verfügung stellt (vgl. Gänger, 2020: 128).

Summa summarum werden mit der Podiumsdiskussion für die Europabildung besonders didaktische Kompetenzen, wie das Verständnis für Prozesse und Strukturen der Europäischen

Union, das Verstehen über europäische Entscheidungsverfahren, die verantwortungsvolle Wahrnehmung der eigenen Rolle in Europa und die Auseinandersetzung der europäischen Identität, gefördert. Zwar muss die Lehrkraft einen großen Zeitaufwand für die Organisation und der Planung dieser Methode betreiben. Außerdem können unvorhersehbare Probleme auftreten, so dass die Lehrkraft spontan reagieren muss. Dennoch wurde mit dieser Facharbeit dargelegt, dass die Podiumsdiskussion eine hohe Relevanz für die europapolitische Bildung hat.

Literaturverzeichnis

Bade, Gesine (2018): Kritische politische Europabildung - Die Vielfachkrise Europas als kollektive Lerngelegenheit? Moulin-Doos, Claire (Hrsg.), Kassel: Prolog Verlag, S. 171.

Claußen, Bernhard (1977): Medien und Kommunikation im Unterrichtsfach Politik - Didaktische und methodische Anregungen. In: Diskussion, 1. Auflage, Frankfurt am Main: Moritz Diesterweg, S.110-112.

Dietz, Andreas (2005): Gesellschaft Wirtschaft Politik - Sozialwissenschaften für politische Bildung. In: Soll die Türkei ein Mitglied der EU werden? - Eine Podiumsdiskussion für die gymnasiale Oberstufe. Verfügbar unter: https://wcms.itz.uni-halle.de/download.php?down=1120&elem=1016229 (letzter Aufruf: 09.04.2023).

Frick, Lothar (Hrsg.) (2015): Zeitschrift für die Praxis der politischen Bildung- Politik & Unterricht. Methoden im Politikunterricht- Beispiele für die Praxis. Landeszentrale für politische Bildung Baden-Württemberg, Heft 1/2, 41. Jahrgang, Villingen-Schwenningen: Neckar-Verlag, S. 21.

Giesecke, Hermann (1973): Methodik des politischen Unterrichts. Verfügbar unter: http://www.hermann-giesecke.de/metho.pdf#page135 (letzter Aufruf: 08.04.2023).

Hufer, Klaus-Peter; Gänger, Sven (2020): Politik Methodik - Handbuch für die Sekundarstufe I und II. Reinhardt, Sibylle; Richter, Dagmar (Hrsg.), 6. Auflage, Berlin: Cornelsen Verlag, S. 129, 132.

Landwehr, Barbara (2017): Partizipation, Wissen und Motivation im Politikunterricht - Eine Interventionsstudie. Nickolaus, R.; Oberle, M.; Seeber, S.; Weißenso, G. (Hrsg.), Wiesbaden: Springer VS, S. 173f.

o.V., Bundeszentrale für politische Bildung (2004): 6. Podiumsdiskussion. Verfügbar unter: https://www.bpb.de/lernen/methoden/46894/6-podiumsdiskussion/ (letzter Aufruf: 08.04.2023).

o.V., Kultusminister Konferenz (2020): Europabildung in der Schule. Verfügbar unter: https://www.kmk.org/fileadmin/Dateien/veroeffentlichungen_beschluesse/1978/1978_06_08_Europabildung_2020-10-15.pdf (letzter Aufruf: 02.04.2023).

o.V., Ministerium für Schule und Bildung (2020): Kernlehrplan für die Sekundarstufe I Realschule in Nordrhein-Westfalen - Politik. 1. Auflage, Heft 3323, Düsseldorf. S. 7.

Rappenglück, Stefan (2022): Handbuch politische Bildung. Sander, Wolfgang; Pohl, Kerstin (Hrsg.), Frankfurt/M.: Wochenschau Verlag, S. 403f.

Reinhardt, Sibylle (2005): Politik Didaktik - Praxishandbuch für die Sekundarstufe I und II. Berlin: Cornelsen Verlag, S.190, 209.

Schöne, Helmar; Immerfall, Stefan; Stratenschulte, Eckart D. (2015). Die Europäische Union erfolgreich vermitteln - Perspektiven der politischen EU-Bildung heute. Oberle, Monika (Hrsg.), Wiesbaden: Springer VS, S. 70f., 214.

Stratenschulte, Eckert D. (2015): Die Europäische Union erfolgreich vermitteln- Perspektiven der politischen EU-Bildung heute. Oberle, Monika (Hrsg.), Wiesbaden: Springer VS, S. 214.